FACULTÉ DE DROIT DE PARIS.

THÈSE
POUR LA LICENCE.

L'Acte public, sur les matières ci-après, sera présenté et soutenu le Jeudi, 26 Août 1841, à 10 heures du matin,

Par Louis-Camille BOUSQUET,

Né à Saint-André-de-Valborgne (Gard).

PARIS,
A LA LIBRAIRIE CLASSIQUE
DE A. POILLEUX, ÉDITEUR,
QUAI DES AUGUSTINS, 57.
1841.

FACULTÉ DE DROIT DE PARIS.

THÈSE
POUR LA LICENCE.

L'Acte public sur les matières ci-après,
sera présenté et soutenu le Jeudi, 26 Août 1841,
à 2 heures,

Par Louis-Camille BOUSQUET,

Né à Saint-André-de-Valborgne (Gard).

Président, M. ROSSI, Professeur.

Suffragants : { MM. BLONDEAU, DUCAURROY, OUDOT, } Professeurs.
{ DELZERS, } Suppléant.

Le Candidat répondra en outre aux questions qui lui seront
faites sur les autres matières de l'Enseignement.

PARIS,
A LA LIBRAIRIE CLASSIQUE
DE A. POILLEUX, ÉDITEUR,
Quai des Augustins, n. 57.
1841.

A MON PÈRE ET A MA MÈRE.

JUS ROMANUM.

DE CAPTIVIS ET DE POSTLIMINIO ET REDEMPTIS AB HOSTIBUS.

(Dig. lib. xlix, t. 15.)

Tria nobis in hoc titulo inspicienda sunt : 1° de postliminio; 2° de redemptis; 3° de lege Corneliâ.

1° *De postliminio.*

Jus postliminii est fictio juris, per quam is qui in potestate hostium inciderit, nunquàm ex civitate exiisse videtur, cùm ab hostibus redierit.

Hoc jus ad personas et ad res pertinere nemini dubium est.

1º Hoc jus pertinet ad personas.

Civis romanus qui in hostium potestatem venit captivus efficitur, et jura civis romani statim amittit. Hostium nomine intelliguntur, qui populo romano publicè bellum decreverunt, vel quibus populus romanus publicè decrevit bellum. Sed cùm ad suos captivus redierit animo ibi consistendi et non ex pacto cum hostibus inito, sed virtute bellicâ aut fallaciâ, aliove quovis modo, dignitate romanâ haud improbato, jus postliminii nanciscitur, et nunquàm civem romanum esse desiisse videtur.

Igitur omnia quæ in jure sunt, posteaquàm postliminio rediit, pro eo hàbentur ac si iste nunquàm in hostium potestate fuisset.

Igitur si dominium in domo paterfamilias haberet, reversus nunquàm hoc dominium amisisse videtur et filios in potestate habuit.

Hinc si filiusfamilias fuerit, nunquàm familia amisisse videbitur et nunquàm patris potestatem effugisse censetur.

Duo tamen hìc notanda sunt :

1º Uxorem jure postliminii maritus recipere non poterit ut filium ; sed captivitate matrimonium dissolutum jure Pandectarum solo consensu mulieris redintegrari potest.

2º Si jura postliminii fictione immutabilia permanent, quæ sunt facti non eodem jure restituuntur. Ideò possessio, quæ usucapioni prodesse dùm in civitate fuerat incipit, non continuatur dùm in captivitate remanet si modò rem ipse detineret.

3º Ad res quoque pertinet postliminium.

Inter Romanos et gentes quæ hostium numero erant jura proprietatis non constare nemini dubium est. Igitur res civium romanorum ab hostibus captæ vel contrà occupantium fieri certissimi juris est. Quid indè eveniet cùm res ab hostibus capta in Romanorum potestatem redierit, quæstio juris est? Jure postliminii jura quæ in eâ constabant iis qui hæc jura antè bellum habebant restituuntur. Ut verò nulla in hoc jure maneat dubitatio, hìc unum notandum est. Ad omnia quæ in bonis sunt postliminii jus pertinere in quibusdam solummodò locum habebat. Hujus distinctionis principium in eo esse nobis videtur, quò hujus juris favore minimè gaudere nolebant eos qui culpâ suâ res bello amiserant. Cùm verò hujus naturæ res esse videtur ut in potestatem hostium sine domini culpâ venire potuerit, tunc postliminii jure recipi videbitur.

2º De redemptis.

Eum qui nummis commercii animo hominem liberum, vel servum, vel rem aliam juris postliminii participem redemerit, eum redemptorem vocamus. Quoad homines liberos ab hostibus redemptos, dùm exsolvatur pretium redemptionis, magis in causam pignoris constituti quàm in servitutis conditionem esse detrusi videntur. Undè si pretium solutum fuerit, et sic à redemptoribus liberentur ingenuos permanere nemini dubium est.

Quoad servos vel cæteras res de quibus diximus, statim redemptoris fieri hæ cujusdam constitutionis auctoritate constat. Sed liberorum dominus potestatem in pristina jura redeundi retinet, dummodò redemptionis pretium solvere paratus sit.

3º De lege Corneliâ.

Legis Corneliæ fictio ad eos quoque pertinet qui in hostium potestatem venerunt. In eo consistit quod is qui ab hostibus reversus non est, et apud eos vitâ decessit, quasi tunc decessisse videtur cùm captus est. Hinc multas juris consequentias trahere licet. Etenim is qui testamentum in civitate fecit et posteà apud hostes decessit firmum fecisse testamentum videtur. Hinc qui intestatus moritur suum hæredem vel extraneum habere poterit, qui contrà nullum habuisset, explosâ legis Corneliæ fictione. Hinc apparet eadem omnia pertinere ad hæredem ejus quæ ipse habiturus esset si postliminio rediisset. Hinc hæredi ejus servi quos in domo reliquit stipulantur vel accipiunt vel alio modo adquirunt.

DROIT FRANÇAIS.

DES ABSENTS.

(Code civil, liv. 1, tit. IV, art. 112-143 ; — Code de procédure civ. art. 859 et 860.)

CONSIDÉRATIONS GÉNÉRALES.

Nos lois protégent en général et d'une manière spéciale, ceux qui ne peuvent veiller par eux-mêmes à l'administration de leurs biens et à la conservation de leurs droits ; elles interviennent dans tout ce qui les concerne pour que leurs intérêts ne soient pas compromis ; ainsi les mineurs et les interdits, à cause de leur défaut d'aptitude intellectuelle, sont l'objet de cette protection spéciale. Le titre du code civil, qui traite des absents, nous offre un des exemples les plus remarquables de cette surveillance protectrice. Mais il ne suffit pas pour cela qu'une personne ne soit pas sur les lieux où elle a des intérêts à traiter et à débattre, ou des biens à administrer ; car si cette personne n'a pas de fondé de pouvoir qui la représente, si l'on peut connaître le lieu de son domicile, ou de sa résidence actuelle, on lui donnera facilement avis du besoin qu'elle a de venir elle-même, ou de charger quelqu'un du soin de ses intérêts.

Avant notre révolution législative, la législation, en matière d'absence, était à peu près sans précédents ; car nos anciennes coutumes, pas plus que le droit romain, ne s'en étaient spécialement occupée, et cela se conçoit aisément pour un temps où les causes d'absence étaient d'autant plus rares que les relations entre les divers peuples étaient plus difficiles ; mais en l'an XI (1803), date de notre titre ; une semblable lacune n'était plus possible ; il y avait trop d'intéressés.

Le mot absent a, dans le langage de la loi, un sens spécial qu'il importe de bien déterminer. Ce mot, dans le titre qui nous occupe, désigne celui qui *a disparu* de son domicile ou de sa résidence, dont *on n'a point de nouvelles*, et dont, par conséquent, *l'existence est douteuse*. Ce n'est qu'à ce moment que la protection particulière de la loi se fait sentir, en autorisant l'intervention de la justice dans les affaires où l'absent, qui n'a point laissé de fondé de procuration, peut se trouver intéressé.

L'incertitude, plus ou moins grande, de l'existence de l'absent, résultant de son âge, des motifs de sa disparition, de l'époque des dernières nouvelles, doivent, suivant les circonstances, fortifier ou affaiblir la supposition de vie ou de mort ; les précautions de la loi changent de nature à mesure que cette dernière supposition acquiert de la consistance ; d'un autre côté, l'intérêt des tiers se réunit à celui de l'absent pour exiger plus de fixité dans sa position ; enfin, il arrive une époque où l'intérêt général, dominant celui de l'absent, fait cesser tout le provisoire qui avait été jusqu'alors, de là les trois périodes entre lesquelles la loi partage l'absence, savoir : 1° présomption d'absence ; 2° déclaration d'absence et envoi en possession provisoire des biens de l'absent ; 3° envoi en possession définitive desdits biens.

PREMIÈRE PÉRIODE.

Présomption d'absence.

Cette période commence au moment de la disparition, ou des dernières nouvelles de l'absent; elle dure cinq ans au moins, s'il n'a pas laissé de procuration, et onze ans, s'il en a laissé une, quand même elle viendrait à cesser avant l'expiration des onze années ; elle finit par le jugement qui déclare l'absence.

Il y a lieu à présomption d'absence, lorsqu'un individu a cessé de paraître au lieu de son domicile ou de sa résidence, sans avoir laissé de fondé de procuration, et qu'on n'a reçu aucune nouvelle de lui, en sorte qu'on ignore où il est, et ce qu'il est devenu, depuis assez longtemps pour qu'on puisse mettre raisonnablement en doute son existence.

Dans cette position, les biens de l'absent ne pourraient être laissés à l'abandon sans préjudice pour lui, s'il revient un jour, ou pour ses ayant-droit et même pour la société. Les mesures prises par le législateur durant cette période, en vue du retour de l'absent, par conséquent dans son intérêt propre principalement, ont été déterminées par ce triple intérêt. La justice va intervenir dans les affaires du présumé absent, mais il ne suffit pas seulement que l'individu dont il s'agit, se trouve dans le cas de présomption d'absence, il faut qu'il y ait nécessité de pourvoir à l'administration de tout ou partie de ses biens, soit dans son intérêt, soit dans celui des personnes qui auraient à souffrir du défaut de soins donnés à ses biens et à ses affaires. Il faut encore qu'il n'ait pas laissé de fondé de procuration, ayant pouvoir de faire les actes d'administration qui sont nécessaires.

Si ces trois conditions existent, le tribunal de première instance statuera sur les demandes que les parties intéressées formeront à cet effet. Il autorisera les mesures d'administration qu'il jugera nécessaires ; il pourra nommer un curateur chargé de l'administration générale des biens et affaires du présumé absent. Par suite de la même nécessité de pourvoir à l'administration des biens des absents, le tribunal, si on le requiert, commet un notaire pour les représenter dans les inventaires, comptes, liquidations et partages qui se sont ouverts avant leur disparition, et auxquels ils ont été appelés. L'art. 114, en ordonnant l'intervention du ministère public, complète l'ensemble des mesures destinées à protéger les intérêts du présumé absent.

DEUXIÈME PÉRIODE.

Déclaration d'absence, envoi en possession provisoire des biens de l'absent.

Les mesures que la loi prend dans cette seconde période ne sont pas semblables à celles qu'elle prend dans la première. Dans la première, en effet, elle s'occupe spécialement, et n'est pour ainsi dire préoccupée que de l'intérêt de l'absent ; la raison en est, qu'elle n'a pas perdu l'espérance de voir revenir celui qui s'était absenté. Mais si l'incertitude de son existence se prolonge, elle se change en présomption de mort, et sans toutefois négliger les intérêts de l'absent qui peut encore se représenter, la loi s'occupe alors de ses héritiers présomptifs et de tous autres qui peuvent avoir des droits subordonnés à la condition de son décès.

Ainsi donc, si depuis quatre ans on n'a reçu aucune nouvelle du présumé absent qui n'a pas laissé de procuration, et depuis dix ans, s'il en a laissé une, qu'elle vienne à cesser ou non, ses héritiers présomptifs, au jour de sa disparition, ou de ses dernières nouvelles, peuvent demander que l'absence soit déclarée et à être envoyés en possesion provisoire des biens et des droits appartenant à l'absent au jour de sa disparition, ou de ses dernières nouvelles.

Une fois la demande de l'envoi en possession provisoire faite, un jugement est indispensable pour l'obtenir. Elle peut du reste être ordonnée par celui qui déclare l'absence.

Les héritiers, et à leur défaut les enfants naturels reconnus, le conjoint et l'état peuvent demander la déclaration d'absence et l'envoi en possession provisoire des biens de l'absent, dans l'ordre où la loi les appelle à recueillir ses biens en cas de mort sans héritiers au degré successable.

C'est au tribunal du domicile de l'absent que doivent être portées les demandes en déclaration d'absence et en envoi en possession provisoire. Si son domicile n'est pas connu, elles le seront à celui de sa résidence.

Les parties intéressées arrivent à faire déclarer l'absence en adressant au président du tribunal du domicile, ou à son défaut, à celui de sa résidence, une requête contenant exposition des faits relatifs à l'absence, et demande au tribunal d'ordonner une enquête sur la disparition, le manque de nouvelles et l'incertitude du sort de l'absent, et à l'appui sont joints les pièces et documents qui établissent la disparition, l'époque où elle a eu lieu, la date des dernières nouvelles, les jugements sur les mesures ordonnées en conséquence, les pièces qui justifient l'intérêt de celui qui présente la requête. S'il y a lieu, le tribunal ordonne l'enquête contradictoirement avec le procureur du roi, et par le même jugement commet un de ses juges pour la faire et lui rapporter le résultat : aussitôt le procureur du roi adresse une expédition de ce jugement au ministre de la justice qui publiera la déclaration d'absence. L'enquête pourra être continuée pendant tout le délai qui doit séparer le jugement qui l'a ordonnée de celui qui déclarera l'absence.

Ce n'est qu'un an après ce premier jugement que le tribunal, dans le cas où il trouve l'enquête concluante, et que des renseignements particuliers n'en atténuent pas le résultat, déclare l'absence ; dans le cas contraire, il rejette ou ajourne la demande. Une expédition du jugement déclaratif d'absence est adressée aussitôt au ministre de la justice pour qu'il le rende public. Cette publicité a lieu par l'insertion de ces jugements dans le *Moniteur*, à l'effet de prévenir l'absent de ce qui se passe à son égard.

Une fois l'absence déclarée, sur la demande des héritiers présomptifs de l'absent au jour de sa disparition ou de ses dernières nouvelles, ils sont envoyés en possession provisoire de ses biens.

Son testament, s'il en existe un, sera ouvert à la diligence des parties intéressées ou du procureur du roi, et les légataires de l'absent et tous ceux qui ont des droits subordonnés à la condition de son décès, pourront les exercer provisoirement.

Dans cette seconde période, c'est la présomption de mort qui domine de là l'ouverture du testament : la loi autorise pour ainsi dire l'ouverture provisoire de la succession de l'absent, par le partage de ses biens entre ses héritiers présomptifs au jour de sa disparition ou de ses dernières nouvelles, comme s'il était réellement mort à cette époque. Mais comme l'absent peut revenir d'un moment à l'autre, la loi n'opère pas à la légère cette dévolution ; elle prend des précautions pour lui en assurer la restitution en cas de retour ou de nouvelles, ou à ceux qui prouveraient son décès et qui justifieraient avoir droit à sa succession, à l'exclusion des envoyés en possession provisoire.

Afin de garantir la restitution dont il vient d'être parlé, les envoyés en possession provisoire, soit les héritiers présomptifs de l'absent, soit ceux qui exercent provisoirement les droits subordonnés à la condition de son décès sont tenus de donner caution.

Relativement à l'admission de la caution, le procureur du roi est le contradicteur des envoyés en possession provisoire. Il peut en discuter et contester la suffisance et la solvabilité, ainsi que les autres conditions qu'elle doit remplir.

Ceux qui auront obtenu l'envoi en possession provisoire, devront faire procéder à l'inventaire du mobilier et des titres de l'absent, en présence du procureur du roi ou du juge de paix par lui requis. Ils peuvent requérir pour leur sûreté qu'il soit procédé, par un expert nommé par le tribunal, à la visite des immeubles, à l'effet d'en constater l'état. Son rapport sera homologué en présence du procureur du roi ; les frais en seront pris sur les biens de l'absent ; à défaut de cette formalité, les envoyés sont censés avoir reçu les immeubles en bon état, et sont tenus de les rendre de même.

Le tribunal peut ordonner la vente de tout ou partie du mobilier ; si cette vente a lieu, il doit être fait emploi du prix.

L'envoi en possession provisoire ne donne aucun droit de propriété à ceux qui l'ont obtenu ; ce n'est qu'un dépôt qui leur est fait et qu'ils doivent restituer en rendant compte de leur administration, le cas échéant. En thèse générale, ils ne peuvent donc aliéner ni hypothéquer les immeubles de l'absent. Cependant, pour cause de nécessité et en vertu d'un jugement les y autorisant, ils le pourraient.

Ils doivent administrer en bons pères de famille.

A titre de dédommagement, ils ont droit de retenir les quatre cinquièmes des revenus, si l'absent reparaît dans les quinze ans qui suivent le jour de sa disparition ; les neuf dixièmes, s'il ne reparaît qu'après quinze ans, et après trente ans d'absence, la totalité des revenus leur appartient.

Ils doivent faire à leurs frais les réparations locatives et celles d'entretien, ces réparations étant des charges de la jouissance. Ils doivent aussi faire faire les grosses réparations, mais le montant intégral en reste à la charge de l'absent, à moins qu'elles ne soient occasionnées par défaut de celles d'entretien, auquel cas ils seraient responsables de ce fait de mauvaise administration.

Nous avons vu que lorsqu'il sagit des héritiers présomptifs de l'absent, et de ses légataires et autres personnes qui exercent des droits subordonnés à la condition de son décès, on agit provisoirement comme si l'absent était mort, sauf les mesures conservatoires de ses droits dans le cas possible de retour. Mais c'est le principe contraire qui s'applique lorsqu'il laisse un conjoint commun en biens avec lui, et que le conjoint opte pour la continuation de la communauté, ainsi que la loi lui en donne le droit; car, dans ce cas, celui-ci aura l'administration des biens de l'absent par préférence à tous autres dont il paralyse les droits par cette option. Or, ici, c'est la présomption de vie qui domine, puisque la communauté ne pourrait subsister si l'on considérait l'absent comme étant mort. Mais les effets de l'option sont différents si elle est faite par le mari présent, lorsque c'est la femme qui est absente, ou par la femme présente, lorsque l'absent est le mari.

La femme est absente : si le mari a opté pour la continuation de la communauté, il demeure, après l'absence déclarée, comme auparavant, administrateur légal des biens qui la composent et des propres de sa femme seulement; il sera tenu de faire faire inventaire du mobilier et des titres, en présence du procureur du roi ou du juge de paix requis par ce dernier, sans qu'il soit besoin d'appeler les héritiers de la femme.

Le mari est absent : la femme a également la faculté d'opter pour la dissolution ou la continuation de la communauté; mais il y a cette différence entre le mari et la femme, relativement à l'exercice de la faculté d'option, que la femme, qui ne jouit pas encore de l'exercice de ses droits, puisque le mariage n'est pas dissous par l'absence, doit être autorisée pour opter. Si elle opte pour la continuation de la communauté, elle prend l'administration de tous les biens qui la composent, ainsi que celle des propres du mari, et même du mobilier exclu de la communauté. Comme le mari, elle fera procéder contradictoirement avec le procureur du roi, ou avec le juge de paix délégué par lui, à l'inventaire tant des biens de la communauté, que des biens propres du mari.

En optant même pour la continuation de la communauté, la femme conserve le droit de renoncer aux effets de la communauté, lorsqu'arrivera la dissolution, tandis que le mari ne le peut pas.

Si la communauté est devenue désavantageuse par la faute de la femme, elle peut toujours y renoncer, si, toutefois, il n'y a pas dol de sa part, sauf à tenir compte aux héritiers de l'absent des pertes qu'elle a pu leur occasionner par sa faute.

Le mari ou la femme qui a opté pour la continuation de la communauté, doit faire faire inventaire, mais il n'est pas astreint de donner caution ; la loi paraît avoir considéré comme une garantie suffisante l'intérêt personnel de cet époux dans la conservation et la bonne administration des biens de l'absent.

Cependant si le conjoint de l'absent opte pour la dissolution provisoire de la communauté, il exercera ses reprises et ses droits légaux et conventionnels, mais il devra, dans ce cas, donner caution pour les choses susceptibles de restitution.

Les effets du jugement de déclaration d'absence cesseront, si pendant la seconde période de l'absence, dont il est ici question, l'absent reparaît ou si son existence est prouvée.

C'est contre les envoyés en possession provisoire que toutes les actions contre l'absent, dont ils sont les représentants légaux, doivent être dirigées.

Ils intentent celles actives de l'absent, sauf l'autorisation qui leur est nécessaire quand il s'agit d'actions dont l'exercice est hors du pouvoir de simples administrateurs.

TROISIÈME PÉRIODE.

Envoi en possession définitive.

Dans cette période, les intérêts de l'absent s'effacent tout-à-fait. La présomption de sa mort est considérée alors comme une réalité, et tout se passe effectivement comme si l'on eût acquis la preuve de son décès.

Le long espace de temps qui s'est écoulé depuis l'envoi en possession provisoire, sans qu'on ait eu signe de vie ou de nouvelles de l'absent, autorise à conclure qu'il a payé son tribut à la nature, et que l'on peut agir en conséquence de cette presque certitude de sa mort, sans compromettre gravement ses intérêts.

Un autre intérêt, d'ailleurs puissant, s'élève et doit déterminer aussi à faire cesser l'état provisoire des biens de l'absent, résultant de l'envoi en possession qui a suivi la déclaration d'absence ; c'est l'intérêt public qui commande de faire sortir les biens de l'absent de l'espèce de main-morte où ils se trouvent, et de les faire entrer dans le commerce.

Si l'envoi en possession provisoire a duré trente ans, ou s'il s'est écoulé cent ans révolus depuis la naissance de l'absent, les cautions données par les envoyés en possession provisoire, et par ceux qui ont exercé provisoirement des droits subordonnés à la condition de son décès, sont déchargées ; les ayant-droit peuvent alors demander le partage des biens de l'absent, si ce partage n'a eu lieu, et se faire envoyer en possession définitive.

Le même tribunal, qui a déclaré l'absence, doit connaître de la demande relative à l'envoi en possession définitive. Une nouvelle information sur le sort de l'absent, afin de s'assurer qu'on n'a obtenu aucune nouvelle de lui depuis l'envoi en possession provisoire, est nécessaire pour que cette demande soit accueillie.

Nous avons vu que l'envoi en possession provisoire ne donne aucun droit de propriété à ceux qui l'ont obtenu; que ce n'est qu'un dépôt qui leur est fait, et qu'ils doivent restituer; par l'envoi en possession définitive, les ayant-droit acquièrent la faculté de disposer des biens de l'absent, de les aliéner ou hypothéquer comme le propriétaire lui-même, et l'absent, venant à reparaître, est obligé de respecter toutes les aliénations et charges qu'ils auraient consenties.

L'absent qui reparaît, quel que soit le temps qui s'écoule depuis l'envoi en possession définitive, peut réclamer la restitution de ses biens; mais il ne peut les reprendre que dans l'état où ils se trouvent dans les mains des envoyés en possession; il a droit au prix de ceux qui ont été aliénés, que ce prix soit encore dû ou non, ainsi qu'aux biens provenant de l'emploi qui aurait été fait du prix des biens qui seraient vendus.

Ces mêmes droits appartiennent aux enfants et descendants de l'absent; mais seulement pendant trente ans, à compter de l'envoi en possession définitive.

La succession de l'absent sera ouverte au jour de son décès prouvé. Ses héritiers, à cette époque, pourront exercer l'action en pétition d'hérédité contre ceux qui posséderaient les biens de la succession, par suite de l'envoi en possession provisoire ou définitive. Ils auront les droits qu'aurait l'absent lui-même, s'il reparaissait, différents selon que leur action sera intentée pendant l'envoi en possession provisoire, ou pendant l'envoi définitif.

Cette action, de la part des héritiers, est soumise à la prescription ordinaire de trente ans, à compter du jour du décès.

RÈGLES COMMUNES AUX TROIS PÉRIODES DE L'ABSENCE.

Celui qui réclamera un droit échu à un individu, dont l'existence ne sera pas reconnue, devra prouver que cet individu existait au moment où le droit s'est ouvert.

Si c'est une succession, ceux qui l'auraient recueillie avec lui ou à son défaut, peuvent la partager comme si cet individu était mort au moment de l'ouverture de ladite succession, si l'on ne prouve pas qu'il existait; sauf l'action en pétition d'hérédité, pendant trente ans; mais ceux, qui auront recueilli la succession, gagneront les fruits perçus par eux de bonne foi.

Des effets de l'absence relativement au mariage.

L'absence, quelle qu'en soit la durée, ne dissout pas le mariage; si cependant, sans avoir la preuve légale et certaine du décès de l'absent, son conjoint parvenait à contracter une nouvelle union, elle devrait être respectée tant que l'existence de l'absent serait incertaine.

Mais de retour, il peut provoquer la nullité du mariage contracté par son conjoint; cette nullité peut même être demandée à la justice par le mandataire de l'absent, muni de la preuve de son existence. Et l'existence de l'absent étant prouvée, le ministère public et les époux eux-mêmes pourront également provoquer la nullité de ce mariage, qui, quoique annulé, produira les effets civils, conformément aux art. 201 et 202 du Code civil.

De la surveillance des enfants mineurs de l'absent.

L'enfant mineur est placé par la nature et par la loi sous l'autorité et sous la surveillance de ses père et mère. C'est le père qui exerce seul cette autorité pendant le mariage; dès lors la disparition de la mère ne doit donner lieu en général à aucune mesure particulière, tant que le père est présent.

L'épouse d'un individu qui a disparu le remplace pendant son absence, en ce qui concerne la surveillance et l'éducation des enfants mineurs, nés de leur commun mariage, ainsi que pour l'administration des biens de ces enfants.

Si elle était morte au moment de la disparition de son mari, ou si elle meurt avant la déclaration d'absence, six mois après la disparition, le conseil de famille déférera la surveillance desdits enfants à leurs ascendants les plus proches, et, à leur défaut, à un tuteur provisoire.

Il en sera de même dans le cas où l'époux, qui a disparu, laisse des enfants d'un précédent mariage.

QUESTIONS.

I.

Est-il nécessaire que le notaire, nommé en vertu de l'article 113, ait droit d'instrumenter dans le lieu où les opérations doivent être faites? — Non.

II.

La femme qui veut continuer la communauté est-elle obligée de fournir caution? — Non.

III.

Le femme qui a opté pour la continuation de la communauté pourrait-elle plus tard et avant l'envoi en possession définitive opter pour la dissolution provisoire? — Non.

IV.

Si l'envoyé en possession définitive dote ses enfants des deniers de l'absent, son obligation envers ce dernier sera-t-elle de l'intégralité de la dot? — Non.

V.

Si les descendants de l'absent voulaient user de la faveur qui leur est accordée par l'article 133, pourrait-on leur opposer la prescription à compter du jour du décès de l'absent, antérieur à l'envoi définitif? — Nous le croyons.

VI.

Les enfants auxquels on accorde la faveur spéciale de l'article 133 n'auraient-ils pas toujours le droit de former l'action en pétition d'hérédité pendant trente ans, à partir du décès prouvé de l'absent? — Nous le croyons aussi.

FIN.

NEUILLY. — Imprimerie de A. POILLEUX, rue de Seine, 91.

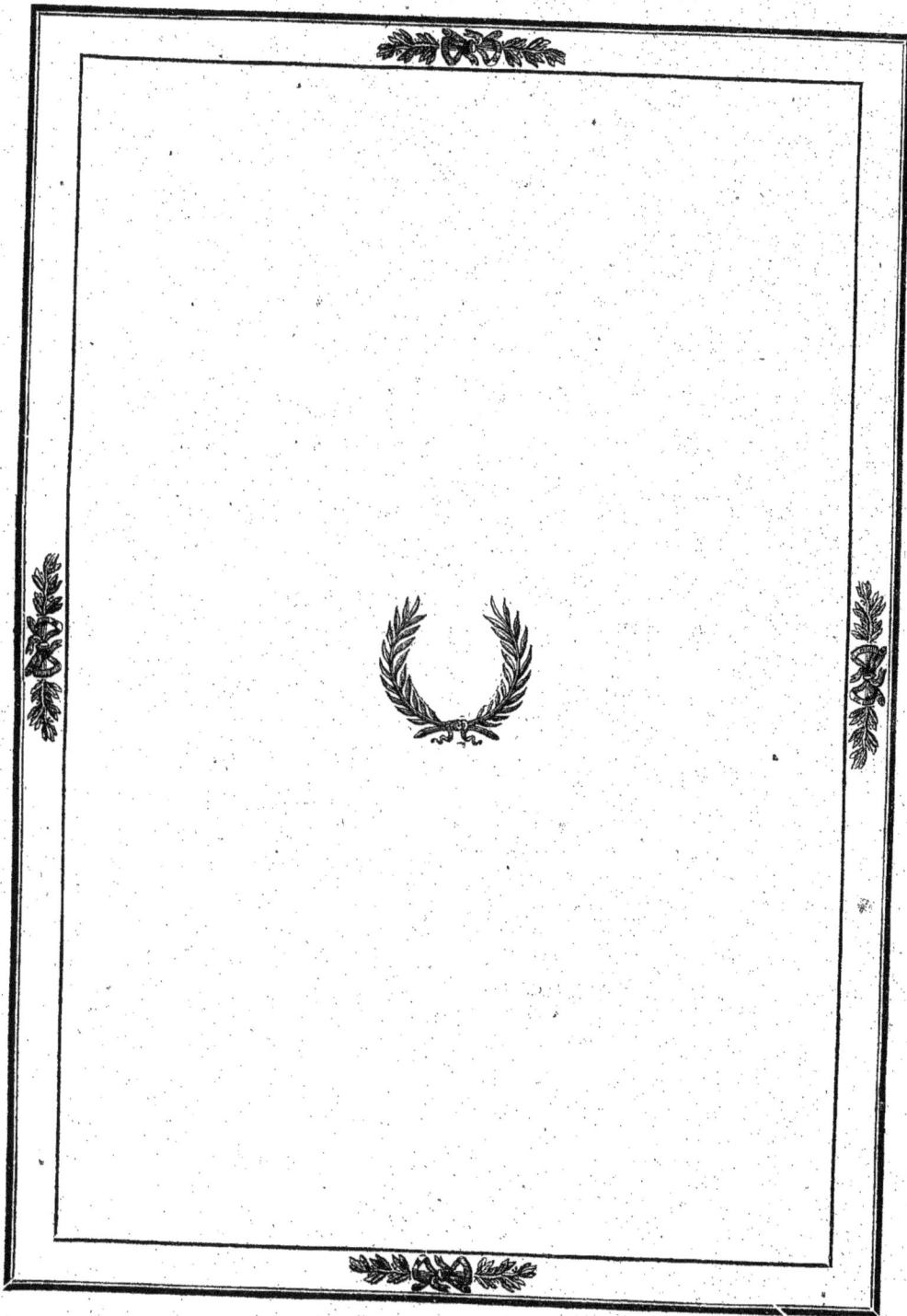

www.ingramcontent.com/pod-product-compliance
Lightning Source LLC
Chambersburg PA
CBHW070456080426
42451CB00025B/2756